AF216399

Impressum
Verlag: BABADADA GmbH, Nedderfeld 112 , 22529 Hamburg
Geschäftsführer / Verlagsleitung: Harald Hof
Druck: Books on Demand GmbH, In de Tarpen 42, 22848 Norderstedt

Imprint
Publisher: BABADADA GmbH, Nedderfeld 112 , 22529 Hamburg, Germany
Managing Director / Publishing direction: Harald Hof
Print: Books on Demand GmbH, In de Tarpen 42, 22848 Norderstedt

école

škola

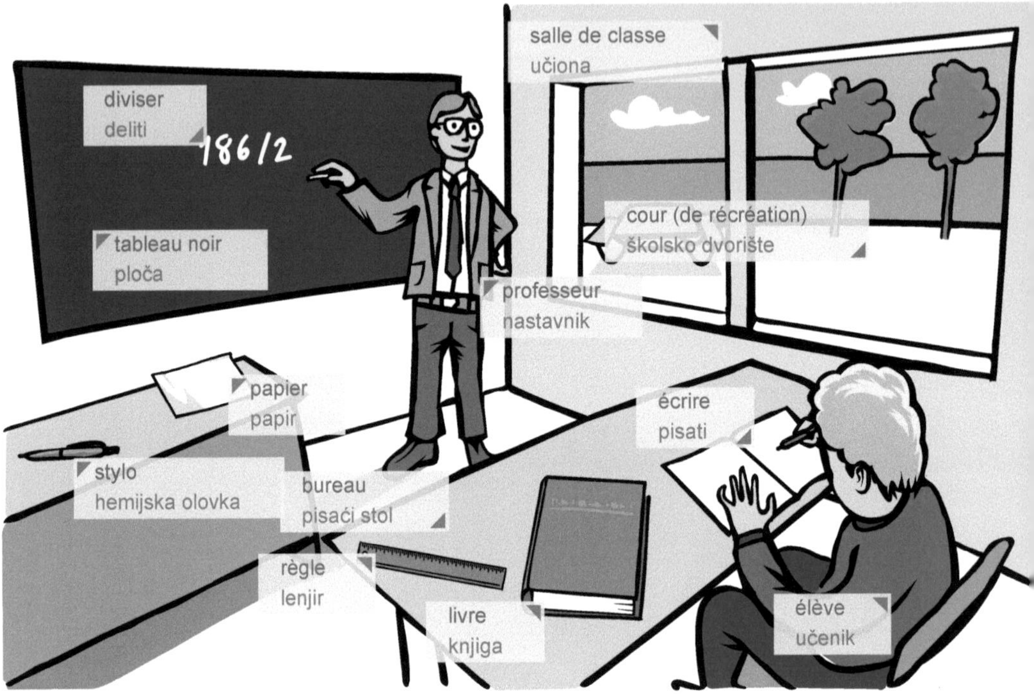

salle de classe
učiona
diviser
deliti
186/2
tableau noir
ploča
cour (de récréation)
školsko dvorište
professeur
nastavnik
papier
papir
écrire
pisati
stylo
hemijska olovka
bureau
pisaći stol
règle
lenjir
livre
knjiga
élève
učenik

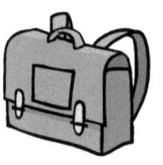

cartable

torba

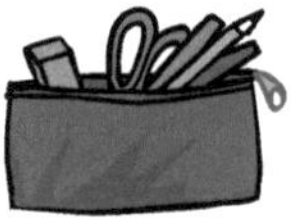

trousse

pernica

crayon

grafitna olovka

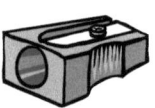

taille-crayon

šiljilo za olovke

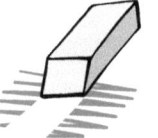

gomme

gumica za brisanje

carnet à dessin

blok za crtanje

dessin

crtež

pinceau

kist

boîte de peinture

kutija sa bojama

ciseaux

makaze

colle

lepilo

cahier d'exercices

beležnica

devoirs

domaći zadatak

chiffre

broj

2+2

additionner

sabirati

soustraire

oduzimati

multiplier

množiti

calculer

računati

lettre

slovo

alphabet

abeceda

mot

reč

texte

tekst

lire

čitati

craie

kreda

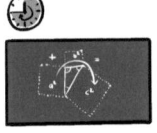

leçon

čas

livre de classe

dnevnik

examen

ispit

certificat

svedočanstvo

uniforme scolaire

školska uniforma

formation

obrazovanje

lexique

leksikon

université

univerzitet

microscope

mikroskop

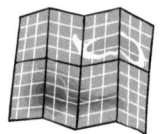

carte

karta

corbeille à papier

košara za papir

voyage
putovanje

hôtel
hotel
Grand
auberge
prenoćište
ROOMS
EXCHANGE
bureau de change
menjačnica
valise
kofer
voiture
auto

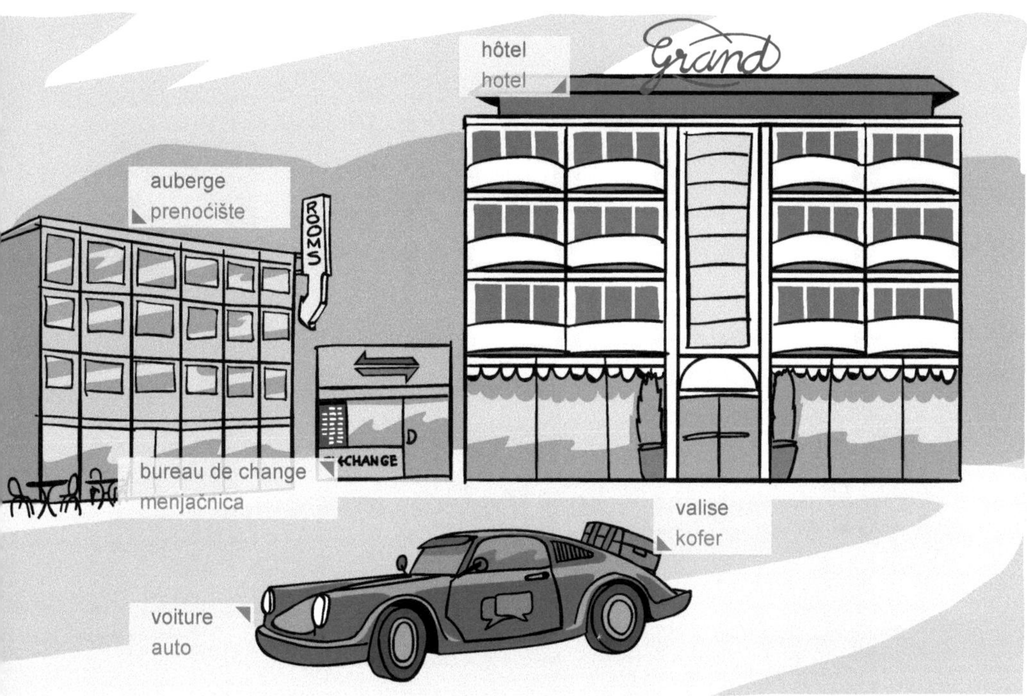

langue

jezik

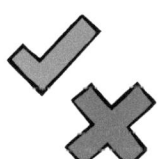

oui / non

da / ne

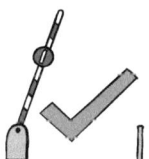

d'accord

okej

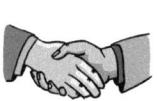

Salut

zdravo

interprète

prevodilac

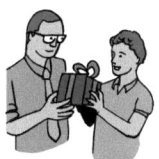

merci

hvala

Combien coûte...?

Koliko košta...?

Je ne comprends pas

ne razumem

problème

problem

Bonsoir !

dobro veče!

Bonjour !

Dobro jutro!

Bonne nuit !

Laku noć!

Au revoir

doviđenja

direction

smer

bagages

prtljaga

sac

torba

sac-à-dos

ruksak

hôte

gost

pièoo

soba

sac de couchage

vreća za spavanje

tente

šator

office de tourisme

turističke informacije

plage

plaža

carte de crédit

kreditna kartica

petit-déjeuner

doručak

déjeuner

ručak

dîner

večera

billet

karta za vožnju

ascenseur

lift

timbre

poštanska markica

frontière

granica

douane

carina

ambassade

ambasada

visa

viza

passeport

pasoš

transport
transport

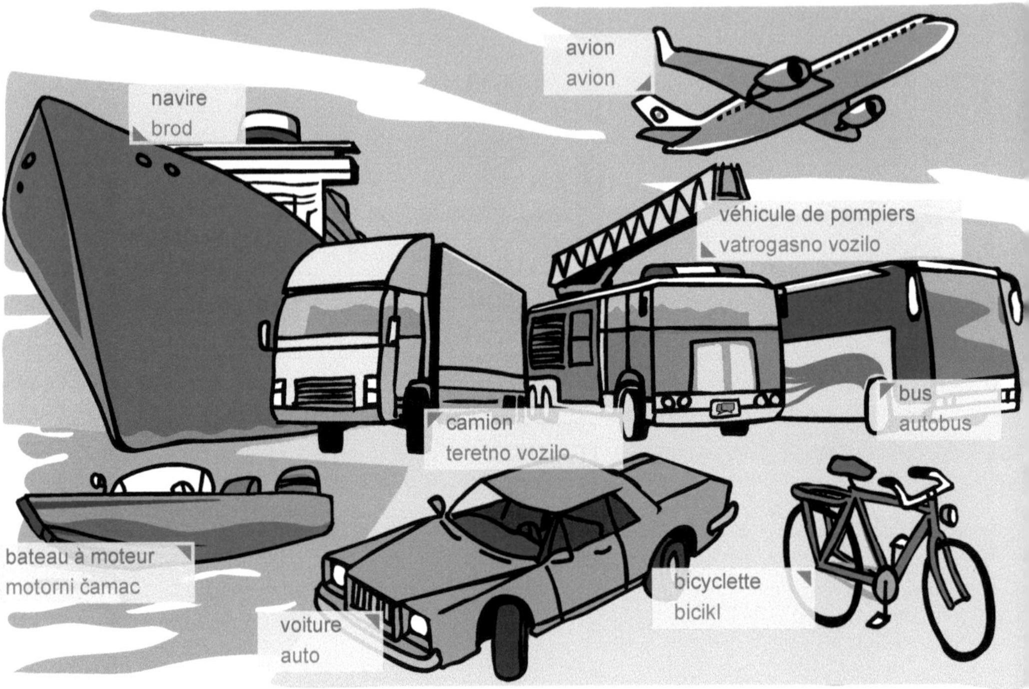

avion
avion
navire
brod
véhicule de pompiers
vatrogasno vozilo
bus
autobus
camion
teretno vozilo
bateau à moteur
motorni čamac
bicyclette
bicikl
voiture
auto

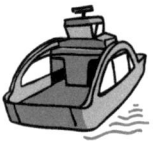

ferry

trajekt

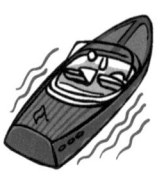

barque

čamac

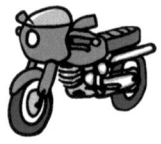

moto

motocikl

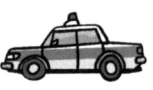

voiture de police

policijski auto

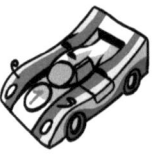

voiture de course

trkaći auto

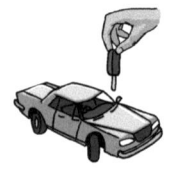

voiture de location

iznajmljeno auto

auto-partage

delenje automobila

voiture de remorquage

vučno vozilo

benne à ordures

vozilo za odvoz smeća

moteur

motor

essence

benzin

station d'essence

benzinska stanica

panneau indicateur

saobraćajni znak

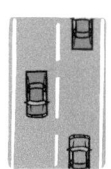

trafic

saobraćaj

embouteillage

zastoj

parking

parkiralište

gare

železnička stanica

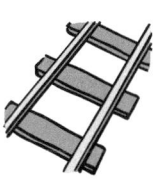

rails

šine

train

voz

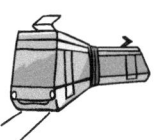

tramway

tramvaj

wagon

vagon

hélicoptère

helikopter

aéroport

aerodrom

tour

kula

passager

putnik

conteneur

kontejner

carton

karton

chariot

kolica

corbeille

korpa

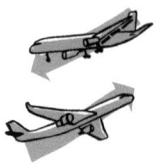

décoller / atterrir

uzleteti / sleteti

ville

grad

village

selo

centre-ville

centar grada

maison

kuća

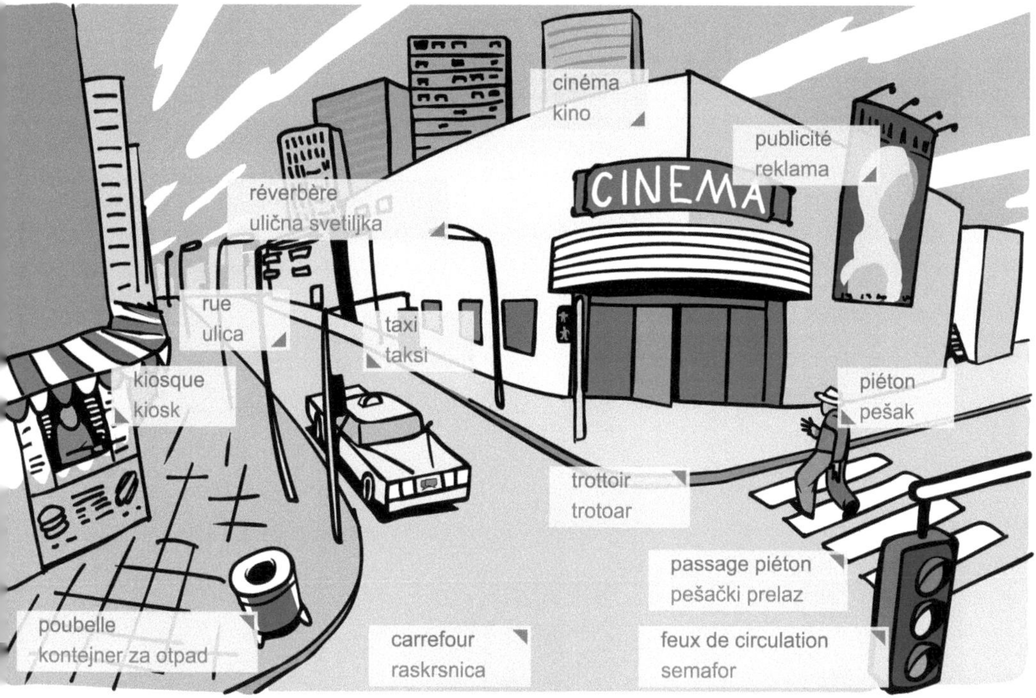

cinéma
kino

publicité
reklama

réverbère
ulična svetiljka

CINEMA

rue
ulica

taxi
taksi

piéton
pešak

kiosque
kiosk

trottoir
trotoar

passage piéton
pešački prelaz

poubelle
kontejner za otpad

carrefour
raskrsnica

feux de circulation
semafor

cabane

koliba

appartement

stan

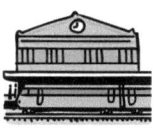

gare

železnička stanica

mairie

većnica

musée

muzej

école

škola

université
univerzitet

banque
banka

hôpital
bolnica

hôtel
hotel

pharmacie
apoteka

bureau
kancelarija

librairie
knjižara

magasin
prodavnica

fleuriste
cvećara

supermarché
supermarket

marché
trg

grand magasin
robna kuća

poissonnerie
ribarnica

centre commercial
trgovački centar

port
luka

parc

park

banque

klupa

pont

most

escaliers

stepenice

métro

podzemna železnica

tunnel

tunel

arrêt de bus

autobuska stanica

bar

bar

restaurant

restoran

boîte à lettres

poštansko sanduče

panneau indicateur

ulični znak

parcmètre

parkirni automat

zoo

zoološki vrt

piscine

bazen

mosquée

džamija

ferme

seosko gazdinstvo

pollution

zagađenje okoline

cimetière

groblje

église

crkva

aire de jeux

igralište

temple

hram

paysage

pejsaž

feuille
list

panneau indicateur
putokaz

chemin
put

pré
livada

pierre
kamen

arbre
drvo

randonneur
šetač

rivière
reka

herbe
trava

fleur
cvijet

vallée

dolina

montagne

planina

lac

jezero

forêt

šuma

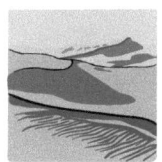

désert

pustinja

volcan

vulkan

château

dvorac

arc-en-ciel

duga

champignon

gljiva

palmier

palma

moustique

moskito

mouche

muva

fourmis

mrav

abeille

pčela

araignée

pauk

coléoptère

buba

grenouille

žaba

écureuil

veverica

hérisson

jež

lièvre

zec

chouette

sova

oiseau

ptica

cygne

labud

sanglier

divlja svinja

cerf

jelen

élan

los

barrage

nasip

éolienne

vetrenjača

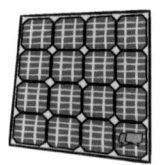

panneau solaire

solarna ploča

climat

klima

restaurant
restoran

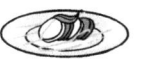

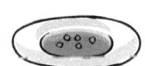

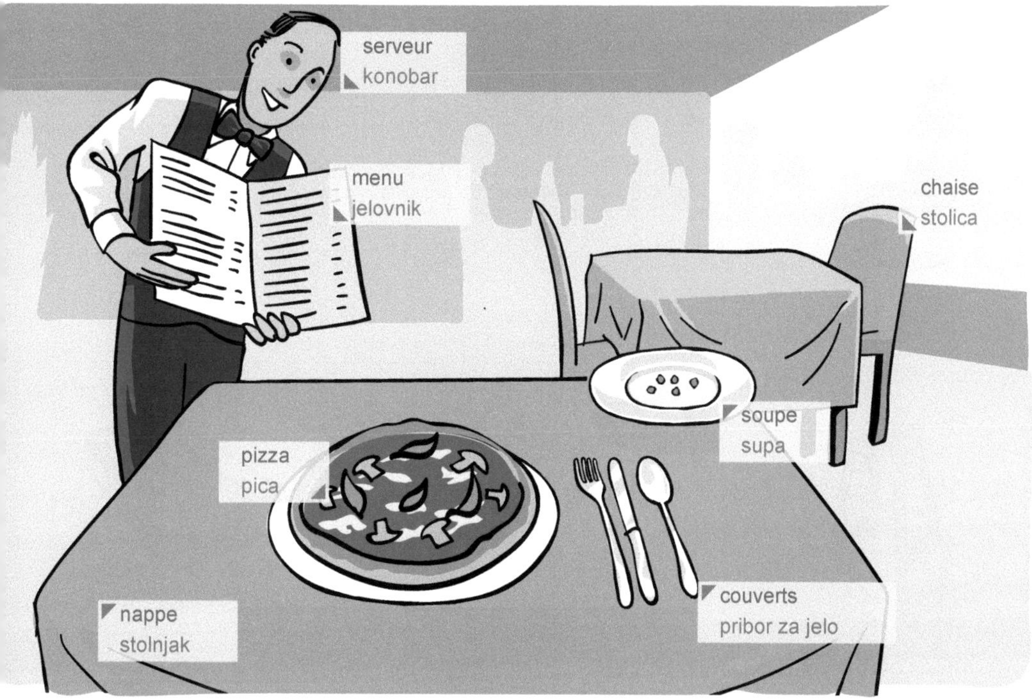
serveur
konobar
menu
jelovnik
chaise
stolica
soupe
supa
pizza
pica
nappe
stolnjak
couverts
pribor za jelo

hors d'œuvre

predjelo

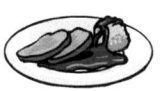

plat principal

glavno jelo

dessert

desert

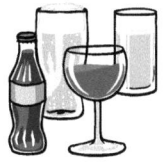

boissons

napitci

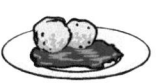

alimentation

jelo

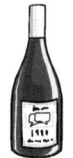

bouteille

flaša

fast-food

brza hrana

plats à emporter

imbis hrana

théière

čajnik

sucrier

doza za šećer

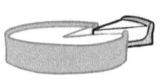

portion

porcija

machine à expresso

aparat za espresso

chaise haute

visoka stolica

facture

račun

plateau

poslužavnik

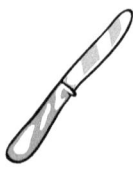

couteau

nož

fourchette

viljuška

cuillère

kašika

cuillère à thé

čajna kašika

serviette

salveta

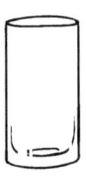

verre

čaša

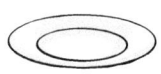

assiette

tanjir

assiette à soupe

tanjir za supu

soucoupe

tanjirić

sauce

sos

salière

soljenka

moulin à poivre

mlin za biber

vinaigre

sirće

huile

ulje

épices

začini

kctchup

kečap

moutarde

senf

mayonnaise

majoneza

supermarché
supermarket

offre promotionnelle
ponuda
FOR
client
kupac
produits laitiers
mlečni proizvodi
fruits
voće
chariot
kolica za kupovinu

BUTCHERS

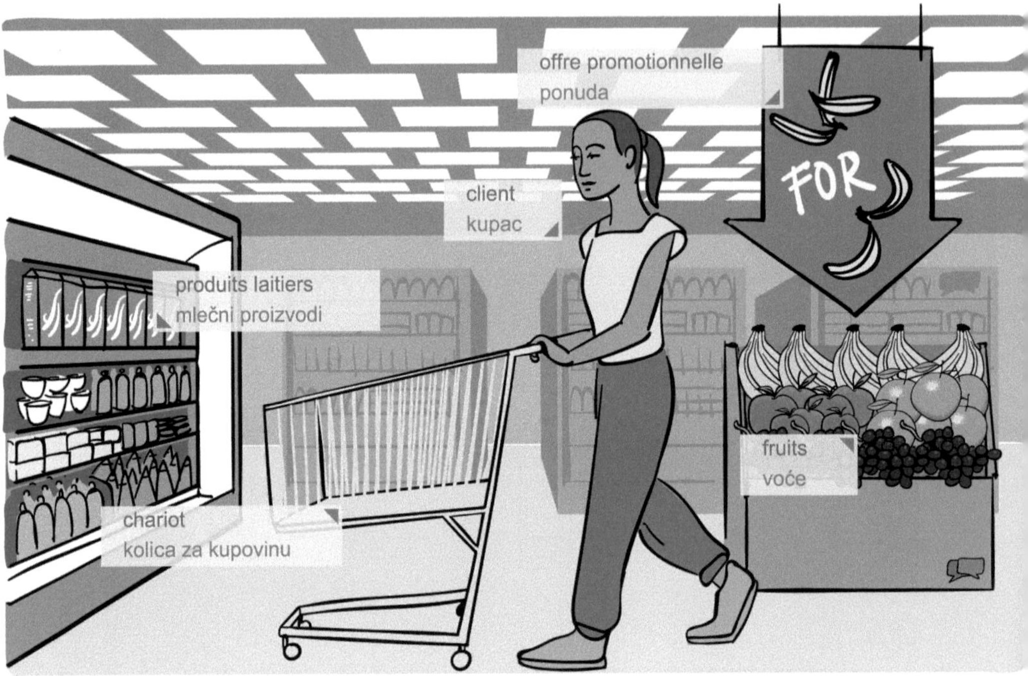

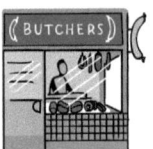

boucherie

mesnica

BAKERY

boulangerie

pekara

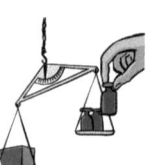

peser

vagati

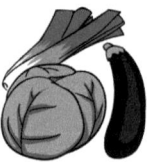

légumes

povrće

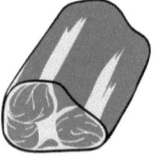

viande

meso

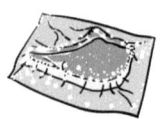

aliments surgelés

smrznuta hrana

charcuterie

narezak

conserves

konzerve

poudre à lessive

sredstvo za pranje

bonbons

slatkiši

articles ménagers

artikli za domaćinstvo

détergents

sredstva za čišćenje

vendeuse

prodavačica

caisse

blagajna

caissier

blagajnik

liste d'achats

lista za kupovinu

heures d'ouverture

vreme rada

portefeuille

novčanik

carte de crédit

kreditna kartica

sac

torba

sac en plastique

plastična kesa

eau

voda

jus de fruit

sok

lait

mleko

coca

kola

vin

vino

bière

pivo

alcool

alkohol

chocolat chaud

kakao

thé

čaj

café

kava

expresso

espresso

cappuccino

cappuccino

banane

banana

pomme

jabuka

orange

narandža

melon

lubenica

citron

limun

carotte

šargarepa

ail

beli luk

bambou

bambus

oignon

luk

champignon

gljiva

noisettes

orašasti plodovi

pâtes

rezanci

spaghetti

špagete

riz

riža

salade

salata

pommes frites

pomfrit

pommes de terre rôties

pečeni krumpir

pizza

pica

hamburger

hamburger

sandwich

sendvič

escalope

šnicla

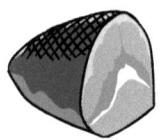

jambon

šunka

salami

salama

saucisse

kobasica

poulet

kokoš

rôti

pečenje

poisson

riba

flocons d'avoine

zobene pahuljice

muesli

musli

cornflakes

kukuruzne pahuljice

farine

brašno

croissant

kroasan

petits-pains

pecivo

pain

hleb

pain grillé

toast

biscuits

keksi

beurre

maslac

le fromage blanc

sveži sir

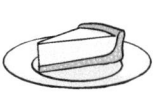

gâteau

kolač

œuf

jaje

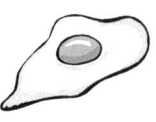

œuf au plat

jaje na oko

fromage

sir

glace

sladoled

sucre

šećer

miel

med

confiture

marmelada

crème nougat

nugat krema

curry

kari

ferme
seosko gazdinstvo

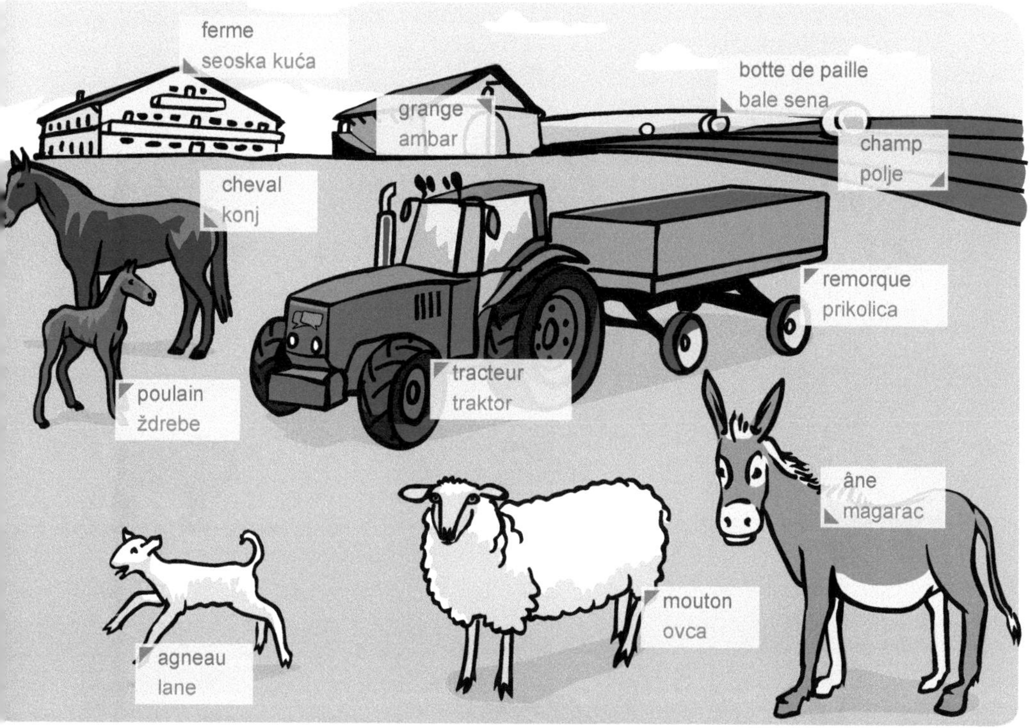

ferme
seoska kuća
grange
ambar
botte de paille
bale sena
champ
polje
cheval
konj
remorque
prikolica
tracteur
traktor
poulain
ždrebe
âne
magarac
mouton
ovca
agneau
lane

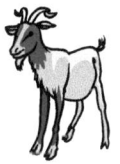

chèvre
koza

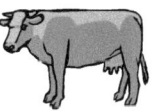

vache
krava

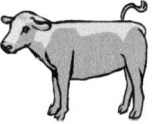

veau
tele

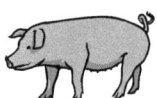

porc
svinja

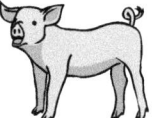

porcelet
prase

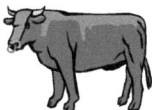

taureau
bik

oie

guska

canard

patka

poussin

pilići

poule

kokoš

coq

petao

rat

pacov

chat

mačka

souris

miš

bœuf

vol

chien

pas

chenil

kućica za psa

tuyau de jardin

vrtno crevo

arrosoir

kanta za polivanje

faucheuse

kosa

charrue

plug

faucille

srp

pioche

motika

fourche

viljuška za đubrivo

hache

sekira

brouette

tačke

cuve

korito

pot à lait

posuda za mleko

sac

vreća

clôture

ograda

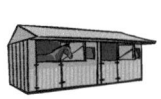

étable

štala

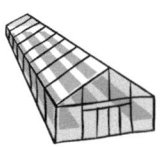

serre

staklenik

sol

zemlja

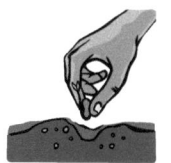

semences

seme

engrais

đubrivo

moissonneuse-batteuse

kombajn

récolter

žeti

récolte

žetva

igname

jams začin

blé

pšenica

soja

soja

pomme de terre

krumpir

maïs

kukuruz

colza

uljana repica

arbre fruitier

voćka

manioc

gomolj manioke

céréales

žitarice

maison
kuća

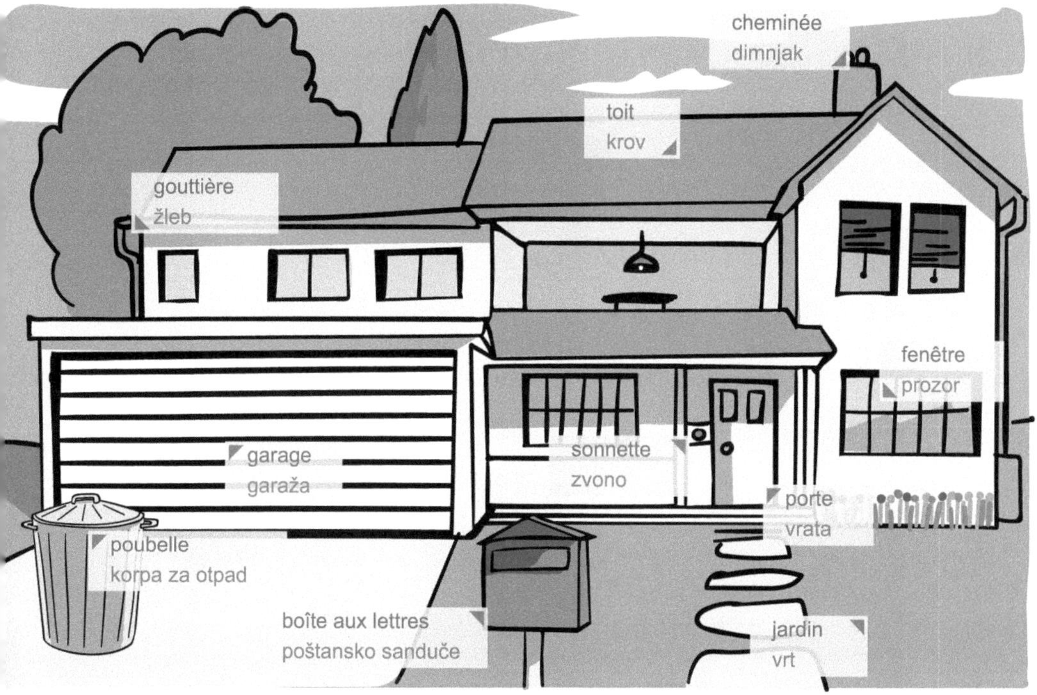
cheminée
dimnjak
toit
krov
gouttière
žleb
fenêtre
prozor
garage
garaža
sonnette
zvono
porte
vrata
poubelle
korpa za otpad
boîte aux lettres
poštansko sanduče
jardin
vrt

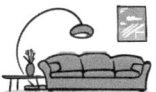

salon

dnevna soba

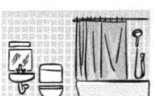

salle de bain

kupaonica

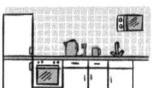

cuisine

kuhinja

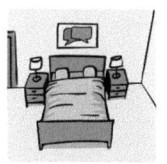

chambre à coucher

spavaća soba

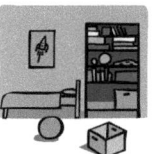

chambre d'enfant

dečija soba

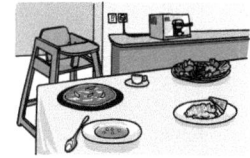

salle à manger

trpezarija

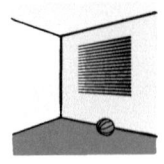

sol
pod

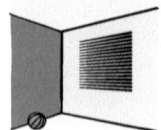

mur
zid

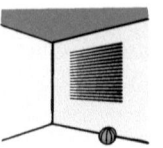

plafond
strop

cave
podrum

sauna
sauna

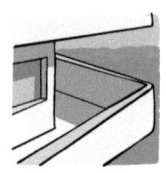

balcon
balkon

terrasse
terasa

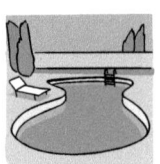

piscine
bazen

tondeuse à gazon
kosilica za travu

housse
posteljina za krevet

couette
deka za krevet

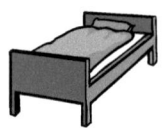

lit
krevet

balai
metla

sceau
kanta

interrupteur
prekidač

salon
dnevna soba

papier peint
tapeta
image
slika
lampe
svetiljka
étagère
regal
armoire
ormar
télé
televizija
cheminée
kamin
fleur
cvijet
coussin
jastuk
sofa
kauč
vase
vaza
télécommande
daljinski upravljač

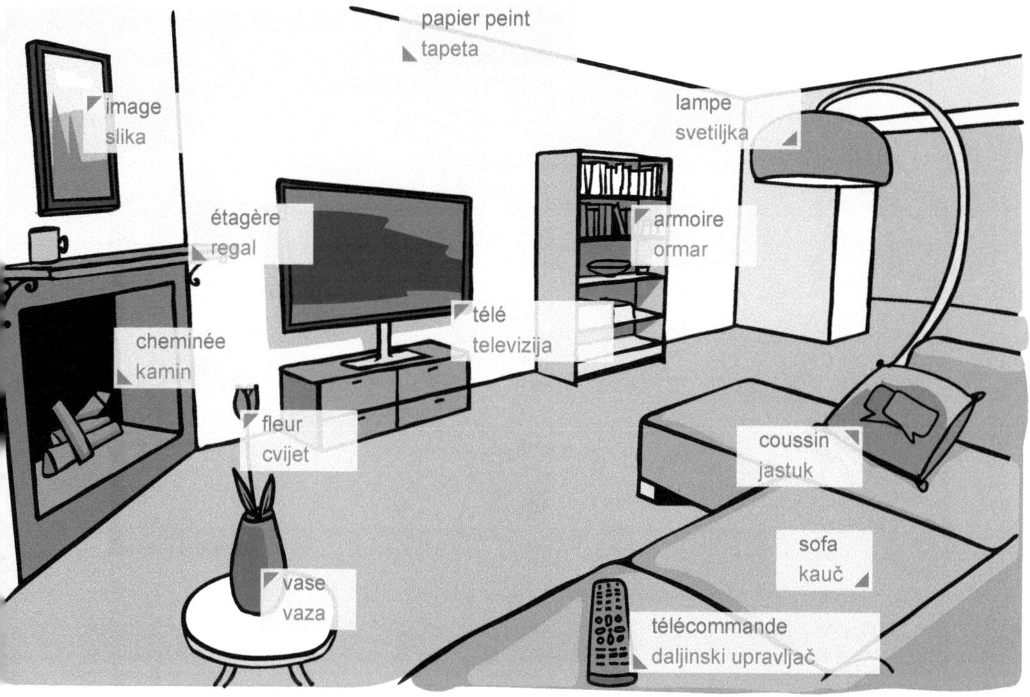

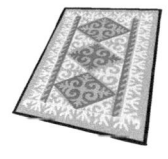

tapis

tepih

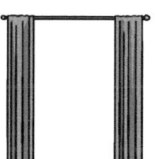

rideau

zavesa

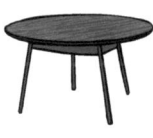

table

sto

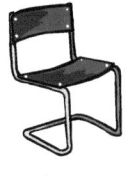

chaise

stolica

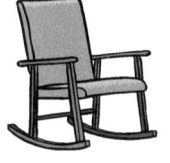

chaise à bascule

stolica za njihanje

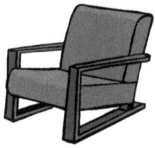

fauteuil

fotelja

livre

knjiga

couverture

deka

décoration

dekoracija

bois de chauffage

drvo za ogrev

film

film

chaîne hi-fi

hi-fi uređaj

clé

ključ

journal

novine

peinture

slika na platnu

poster

poster

radio

radio

bloc-notes

blok za pisanje

aspirateur

usisivač

cactus

kaktus

bougie

sveća

cuisine
kuhinja

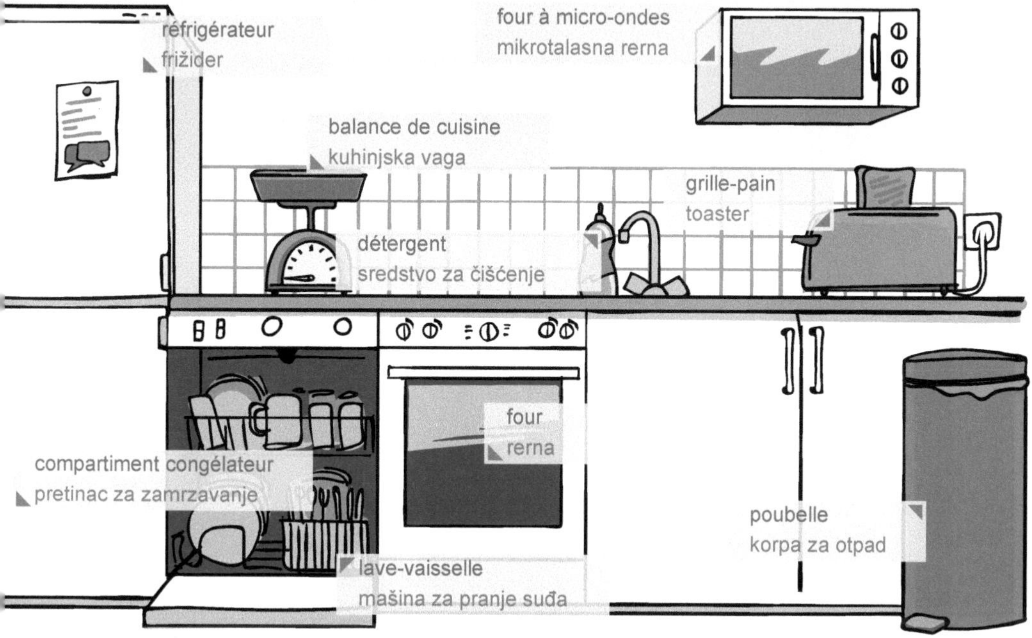

réfrigérateur
frižider
four à micro-ondes
mikrotalasna rerna
balance de cuisine
kuhinjska vaga
grille-pain
toaster
détergent
sredstvo za čišćenje
four
rerna
compartiment congélateur
pretinac za zamrzavanje
poubelle
korpa za otpad
lave-vaisselle
mašina za pranje suđa

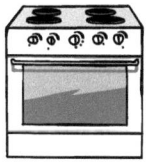

four
šporet

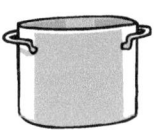

casserole
lonac

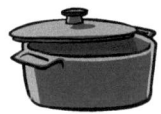

marmite
gvozdeni lonac

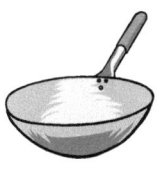

wok / kadai
wok / kadai

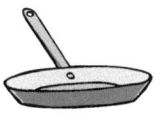

poêle
tava

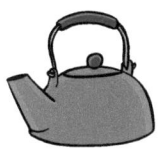

bouilloire electrique
kuvalo za vodu

cuiseur vapeur

kuvalo na paru

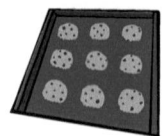

plaque de cuisson

lim za pečenje

vaisselle

posuđe

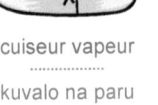

gobelet

čaša

coupe

posuda

baguettes

štapići za jelo

louche

kutlača

spatule

lopatica

fouet

penjača

passoire

sito za kuvanje

tamis

sito

râpe

ribež

mortier

mužar

barbecue

roštilj

cheminée

ognjište

planche à découper

daska

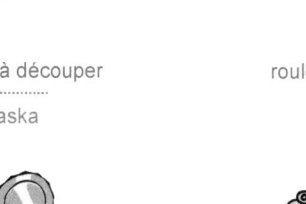

rouleau à pâtisserie

oklagija

tire-bouchon

vadičep

boîte

konzerva

ouvre-boîte

otvarač konzervi

maniques

krpa za lonac

lavabo

sudoper

brosse

četka

éponge

sunđer

mixeur

mikser

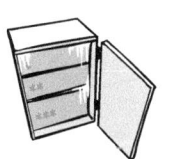

congélateur

zamrzivač

biberon

flašica za bebe

robinet

slavina za vodu

salle de bain
kupaonica

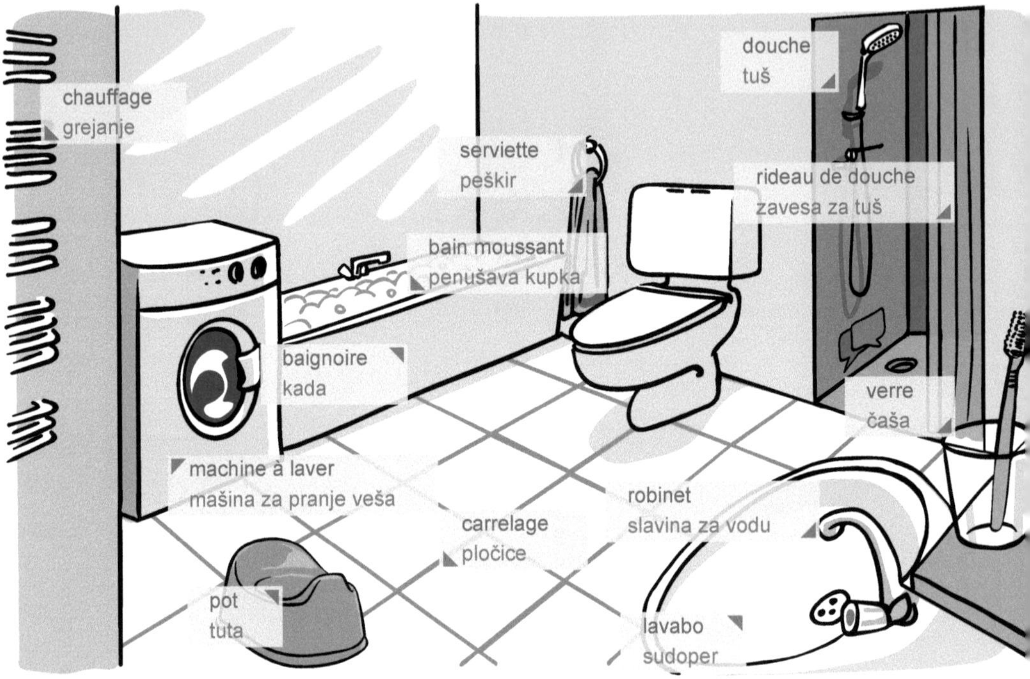

douche
tuš
chauffage
grejanje
serviette
peškir
rideau de douche
zavesa za tuš
bain moussant
penušava kupka
baignoire
kada
verre
čaša
machine à laver
mašina za pranje veša
robinet
slavina za vodu
carrelage
pločice
pot
tuta
lavabo
sudoper

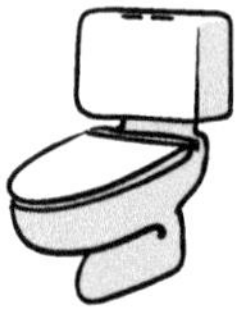

toilettes

toalet

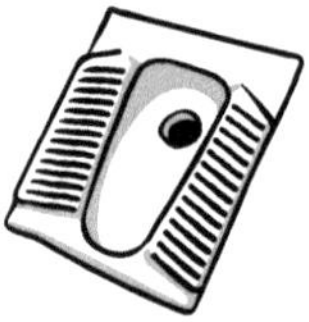

toilette à la turque

čučavac

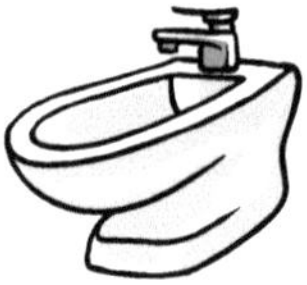

bidet

bidet

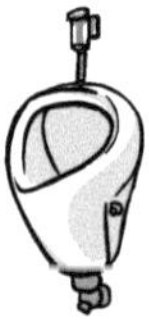

urinoir

pisoar

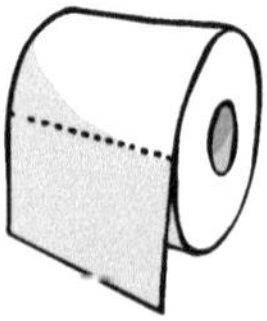

papier toilette

toaletni papir

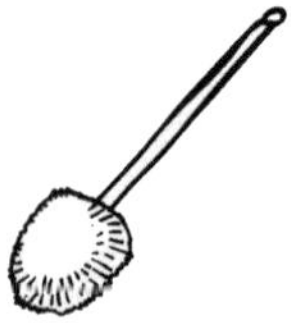

brosse à toilette

četka za toalet

brosse à dents
četkica za zube

dentifrice
pasta za zube

fil dentaire
konac za zube

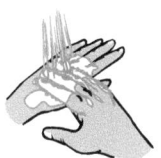

laver
prati

douche manuelle
tuš ručica

douche intime
tuš za pranje intimnih delova

vasque
lavor

brosse dorsale
četka za pranje leđa

savon
sapun

gel douche
gel za tуširanje

shampooing
šampon

gant de toilette
krpa za pranje

écoulement
odvod

crème
krema

déodorant
dezodorans

miroir

ogledalo

miroir cosmétique

kozmetičko ogledalo

rasoir

brijač

mousse à raser

pena za brijanje

après-rasage

losion za posle brijanja

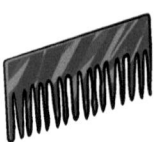

peigne

češalj

brosse

četka

sèche-cheveux

fen za kosu

laque pour cheveux

sprej za kosu

fond de teint

makeup

rouge à lèvres

ruž za usne

vernis à ongles

lak za nokte

ouate

vata

coupe-ongles

makaze za nokte

parfum

parfem

trousse de toilette

kozmetička torbica

tabouret

stolica

pèse-personne

vaga

peignoir

ogrtač

gants de nettoyage

rukavice za čišćenje

tampon

tampon

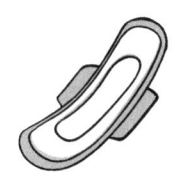

serviettes hygiéniques

uložak

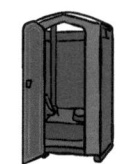

toilette chimique

hemijski toalet

chambre d'enfant

dečija soba

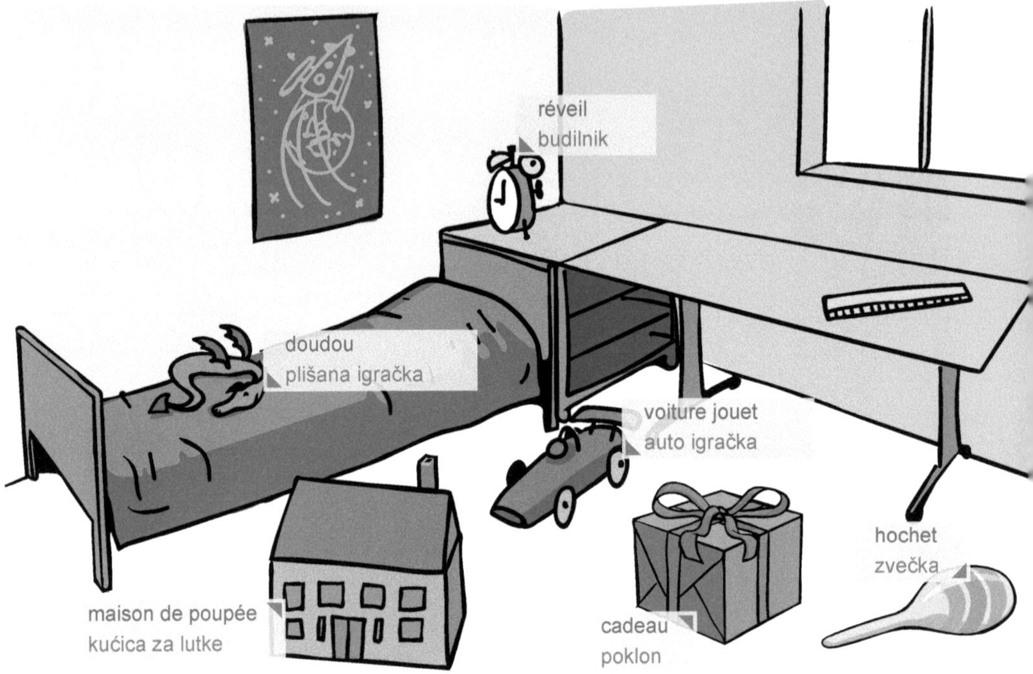
réveil
budilnik
doudou
plišana igračka
voiture jouet
auto igračka
hochet
zvečka
maison de poupée
kućica za lutke
cadeau
poklon

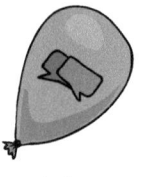

ballon

balon

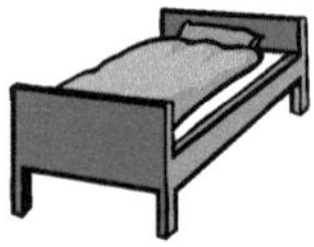

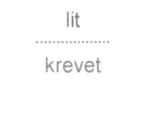

lit

krevet

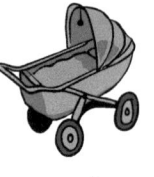

poussette

dječija kolica

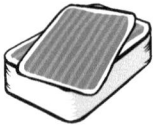

jeu de cartes

igra s kartama

puzzle

slagalica

SUPER
MEGA

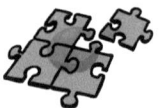

bande dessinée

strip

pièces lego

lego kockice

blocs de construction

kockice za slaganje

figurine

akcioni junak

grenouillère

benkica za bebe

frisbee

frizbi

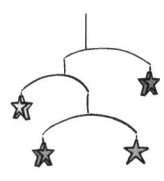

mobile

viseće igračke

jeu de société

društvene igre

dé

kocka

train miniature

minijaturna željeznica

sucette

duda

fête

zabava

livre d'images

slikovnica

balle

lopta

poupée

lutka

jouer

igrati

bac à sable

pješčanik

balançoire

ljuljačka

jouets

igračka

console de jeu

konzola za igre

tricycle

tricikl

ours en peluche

tedi

armoire

ormar

vêtements

odeća

chaussettes

kratke čarape

bas

čarape

collant

hulahopke

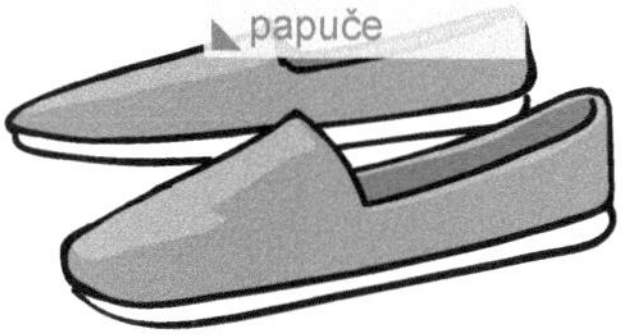

écharpe
šal

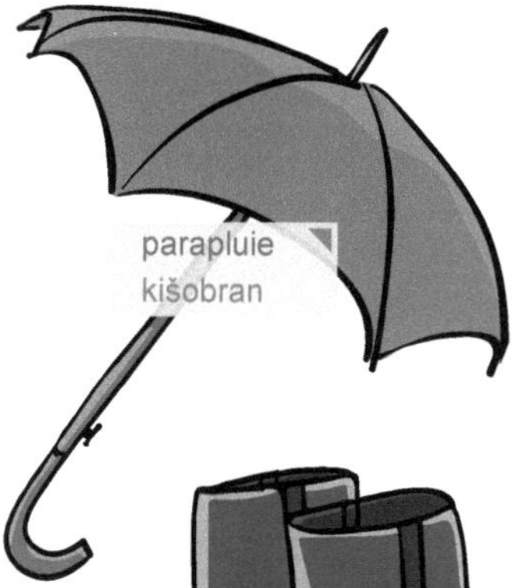

parapluie
kišobran

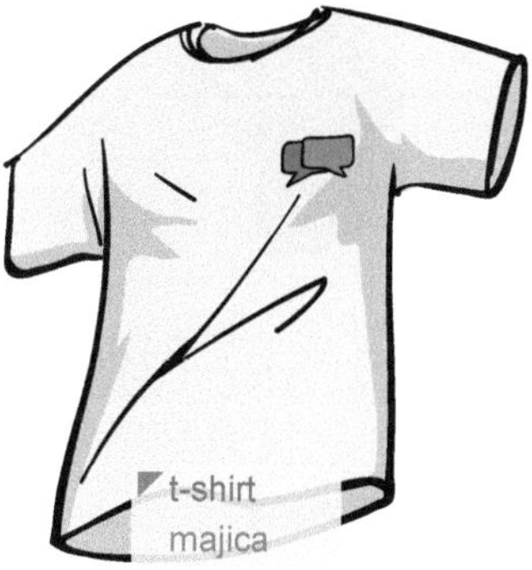

t-shirt
majica

ceinture
kaiš

bottes
čizme

baskets
patike

pantoufles
papuče

sandales
....
sandale

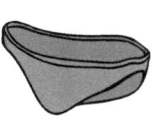

chaussures
....
cipele

bottes de caoutchouc
....
gumene čizme

sous-vêtements
....
gaćice

soutien-gorge
....
grudnjak

maillot de corps
....
potkošulja

body
bodi

pantalon
pantalone

jean
farmerke

jupe
suknja

chemisier
bluza

chemise
košulja

pull
džemper

sweat à capuche
džemper s kapuljačom

veste
sako

veste
jakna

manteau
kaput

imperméable
kabanica

costume
kostim

robe
haljina

robe de mariée
venčanica

costume

odelo

chemise de nuit

spavaćica

pyjama

pidžama

sari

sari

foulard

marama za glavu

turban

turban

burqa

burka

caftan

kaftan

abaya

abaja

maillot de bain

kupaći kostim

maillot de bain

kupaće gaćice

short

kratke pantalone

tenue d'entraînement

odeća za trening

tablier

kecelja

gants

rukavice

bouton

dugme

lunettes

naočare

bracelet

narukvica

collier

ogrlica

bague

prsten

boucle d'oreille

naušnica

bonnet

kapa

cintre

vešalica

chapeau

šešir

cravate

kravata

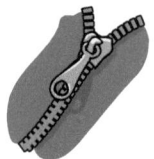

fermeture éclair

patent zatvarač

casque

kaciga

bretelles

naramenice

uniforme scolaire

školska uniforma

uniforme

uniforma

vêtements - odeća

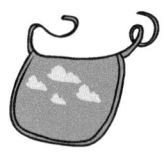

bavoir

podbradak

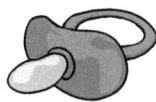

sucette

duda

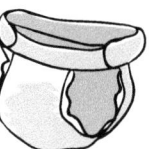

lange

pelena

bureau
kancelarija

serveur
server
armoire d'archivage
ormar za spise
imprimante
štampač
papier
papir
écran
monitor
souris
miš
bureau
pisaći stol
classeur
mapa
clavier
tastatura
corbeille à papier
košara za papir
ordinateur
kompjuter
chaise
stolica

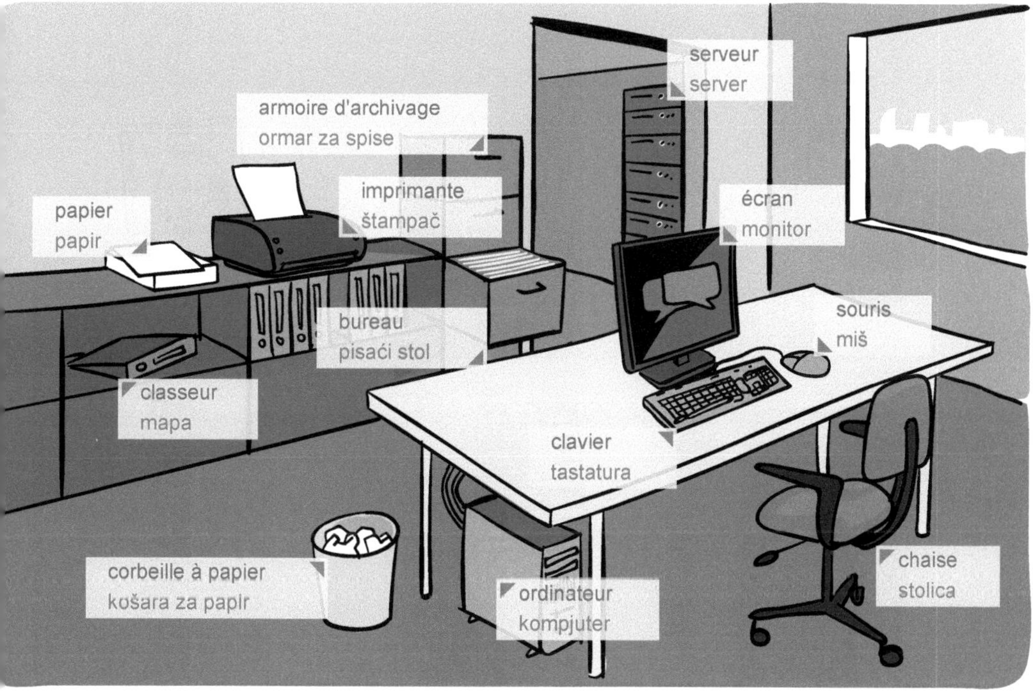

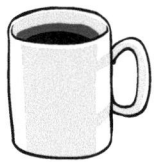

tasse de café

šalica za kavu

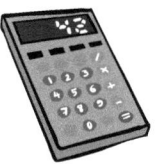

calculatrice

kalkulator

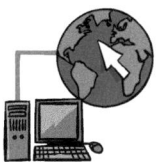

internet

internet

ordinateur portable

laptop

lettre

pismo

message

poruka

portable

mobilni telefon

réseau

mreža

photocopieuse

uređaj za kopiranje

logiciel

softver

téléphone

telefon

prise

utičnica

fax

faks

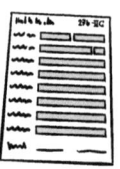

formulaire

formular

document

dokument

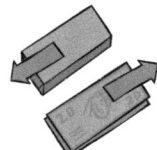

acheter

kupovati

payer

platiti

faire du commerce

trgovati

monnaie

novac

USD

dollar

dolar

EUR

euro

evro

JPY

yen

jen

RUB

rouble

rublja

CHF

franc suisse

švajcarski franak

CNY

renminbi yuan

renmindbi juan

INR

roupie

rupija

distributeur automatique

automat za novac

bureau de change

menjačnica

or

zlato

argent

srebro

pétrole

nafta

énergie

energija

prix

cena

contrat

ugovor

taxe

porez

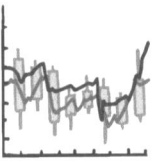

action

deonica

travailler

raditi

employé

službenik

employeur

poslodavac

usine

fabrika

magasin

prodavnica

professions
zanimanja

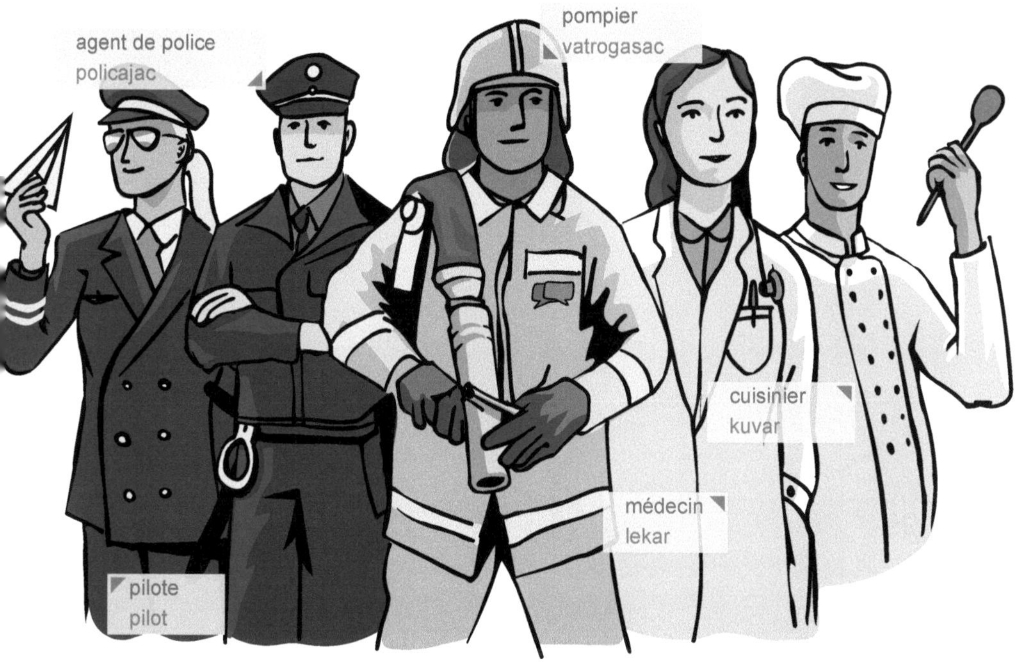

agent de police
policajac
pompier
vatrogasac
cuisinier
kuvar
médecin
lekar
pilote
pilot

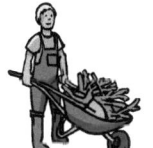

jardinier

vrtlar

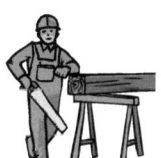

menuisier

stolar

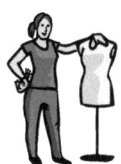

couturière

krojačica

juge

sudija

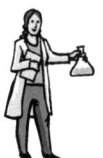

chimiste

hemičar

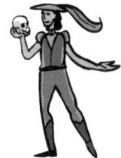

acteur

glumac

conducteur de bus

vozač autobusa

chauffeur de taxi

vozač taksija

pêcheur

ribar

femme de ménage

čistačica

couvreur

krovopokrivač

serveur

konobar

chasseur

lovac

peintre

slikar

boulanger

pekar

électricien

električar

ouvrier

građevinski radnik

ingénieur

inženjer

boucher

mesar

plombier

limar

facteur

poštar

soldat

vojnik

architecte

arhitekta

caissier

blagajnik

fleuriste

cvećar

coiffeur

frizer

contrôleur

kondukter

mécanicien

mehaničar

capitaine

kapetan

dentiste

zubar

scientifique

naučnik

rabbin

rabi

imam

imam

moine

monah

prêtre

svećenik

outils
alati

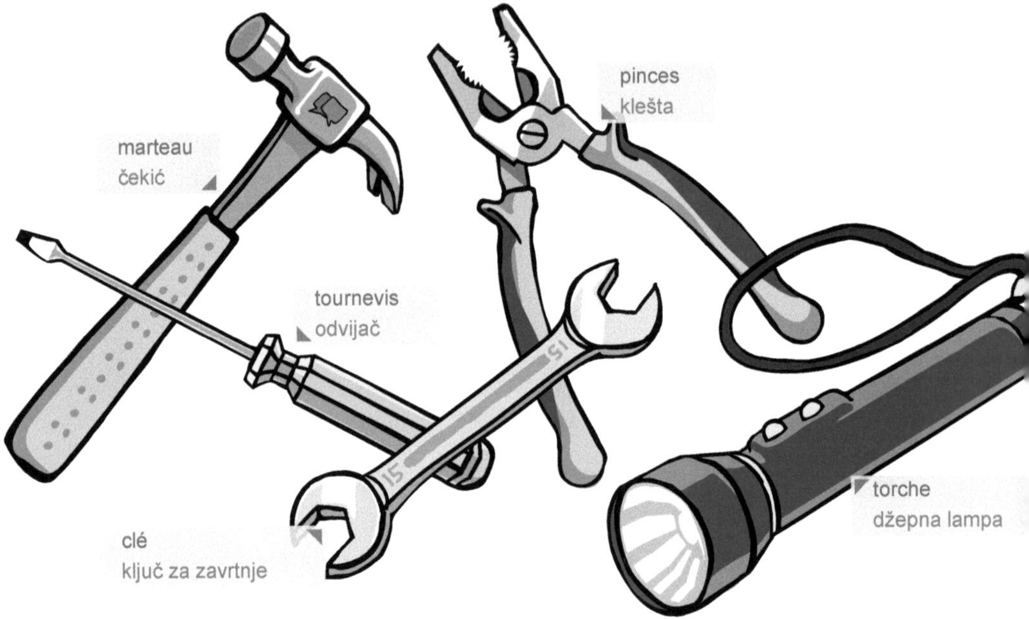
marteau
čekić
pinces
klešta
tournevis
odvijač
clé
ključ za zavrtnje
torche
džepna lampa

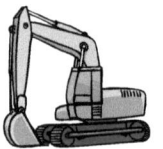

pelleteuse

bager

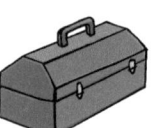

boîte à outils

kutija za alat

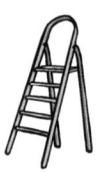

échelle

merdevine

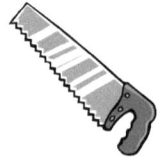

scie

pila

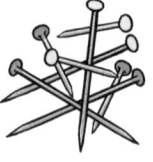

clous

ekser

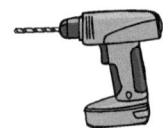

perceuse

bušilica

réparer

popraviti

pelle

lopata

Mince !

do đavola!

pelle

lopatica

pot de peinture

lonac za boju

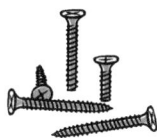

vis

zavrtanji

instruments de musique
muzički instrument

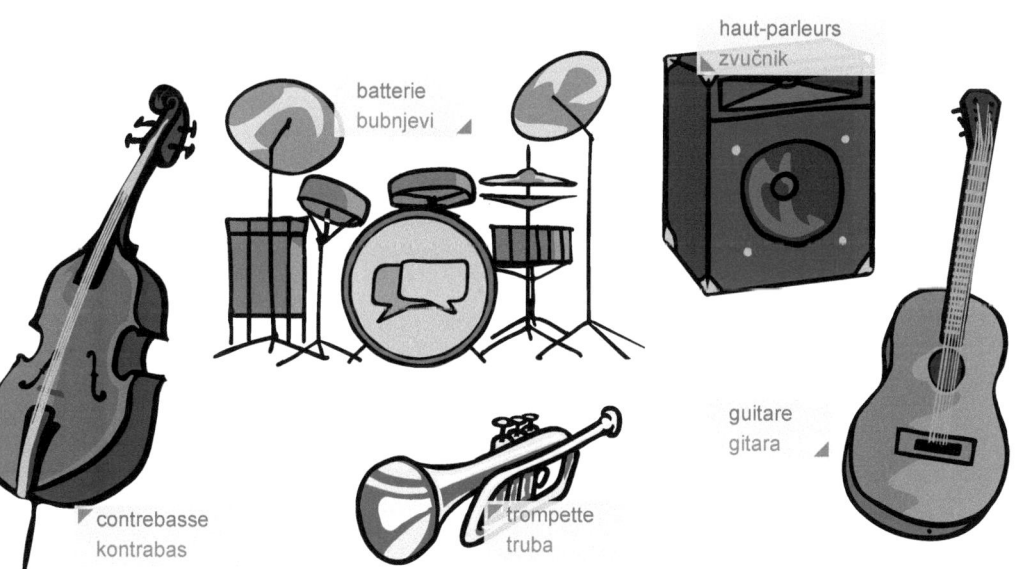

haut-parleurs
zvučnik

batterie
bubnjevi

guitare
gitara

contrebasse
kontrabas

trompette
truba

piano

klavir

violon

violina

basse

bas

timbales

timpani

tambour

udaraljke za bubnjeve

piano électrique

tipke klavira

saxophone

saksofon

flûte

flauta

microphone

mikrofon

instruments de musique - muzički instrument

zoo

zoološki vrt

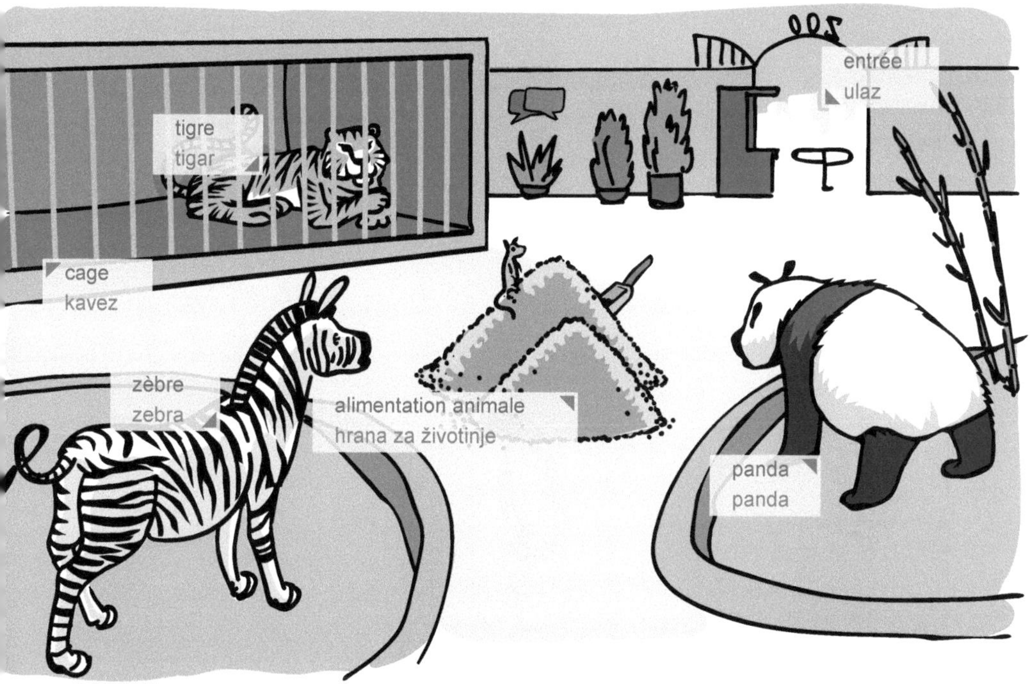

zoo
tigre
tigar
entrée
ulaz
cage
kavez
zèbre
zebra
alimentation animale
hrana za životinje
panda
panda

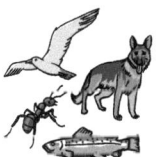

animaux
životinje

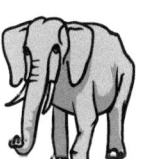

éléphant
slon

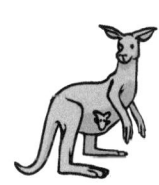

kangourou
kengur

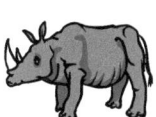

rhinocéros
nosorog

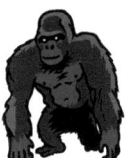

gorille
gorila

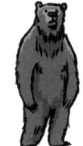

ours
medved

chameau

kamila

autruche

noj

lion

lav

singe

majmun

flamand rose

flamingo

perroquet

papagaj

ours polaire

polarni medved

pingouin

pingvin

requin

ajkula

paon

paun

serpent

zmija

crocodile

krokodil

gardien de zoo

čuvar u zoološkom vrtu

phoque

tuljan

jaguar

jaguar

poney

poni

léopard

leopard

hippopotame

nilski konj

girafe

žirafa

aigle

orao

sanglier

divlja svinja

poisson

riba

tortue

kornjača

morse

morž

rcnard

lisica

gazelle

gazela

american Football
američki nogomet

cyclisme
biciklizam

tennis
tenis

basket-ball
košarka

natation
plivanje

hockey sur glace
hokej na ledu

boxe
boks

football
fudbal

badminton
badminton

athlétisme
atletika

handball
rukomet

ski
skijanje

polo
polo

sauter
skočiti

rire
smejati se

embrasser
zagrliti

marcher
ići

chanter
pevati

rêver
sanjati

prier
moliti se

faire la bise
poljubiti

écrire
pisati

dessiner
crtati

montrer
pokazati

pousser
gurati

donner
dati

prendre
uzeti

avoir

imati

faire

činiti

être

biti

être debout

stojati

courir

trčati

trier

povlačiti

jeter

baciti

tomber

padati

être couché

ležati

attendre

čekati

porter

nositi

être assis

sediti

s'habiller

oblačiti

dormir

spavati

se réveiller

probuditi se

regarder

gledati

pleurer

plakati

caresser

milovati

peigner

češljati

parler

govoriti

comprendre

razumeti

demander

pitati

écouter

slušati

boire

piti

manger

jesti

ranger

pospremiti

aimer

voleti

cuire

kuhati

conduire

voziti

voler

leteti

faire de la voile

ploviti

calculer

računati

lire

čitati

apprendre

učiti

travailler

raditi

se marier

venčati se

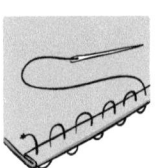

coudre

šiti

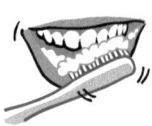

brosser les dents

prati zube

tuer

ubiti

fumer

pušiti

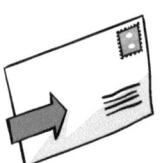

envoyer

poslati

famille
porodica

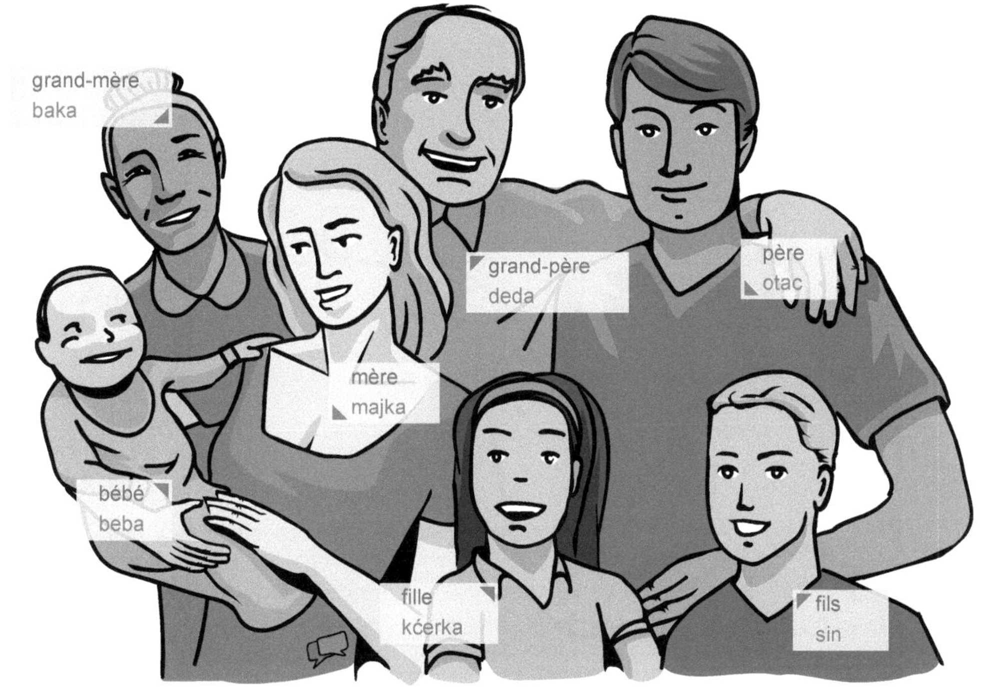
grand-mère
baka
grand-père
deda
père
otac
mère
majka
bébé
beba
fille
kćerka
fils
sin

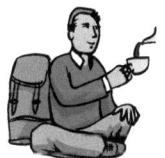

hôte

gost

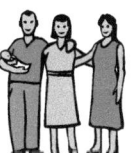

tante

tetka

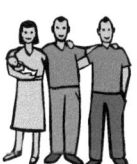

oncle

ujak, stric

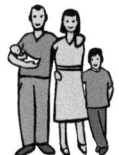

frère

brat

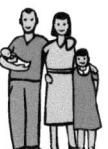

sœur

sestra

corps
telo

front
čelo
œil
oko
épaule
rame
doigt
prst
visage
lice
menton
brada
main
ruka
jambe
noga
poitrine
grudi
bras
ruka

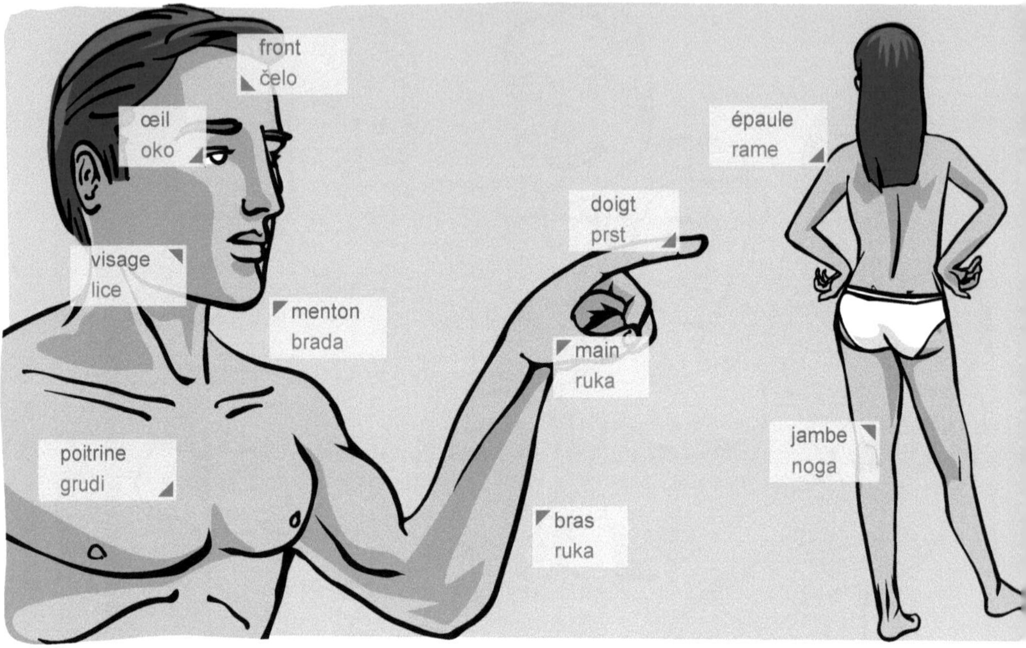

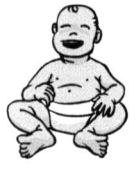

bébé

beba

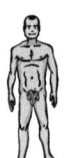

homme

muškarac

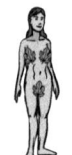

femme

žena

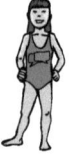

fille

devojčica

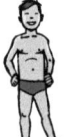

garçon

dečak

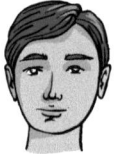

tête

glava

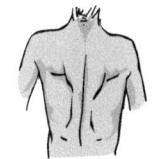

dos

leđa

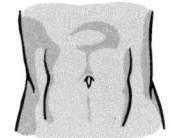

ventre

stomak

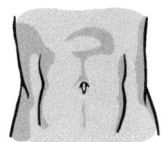

nombril

pupak

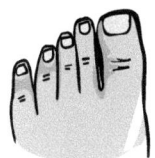

orteil

nožni prst

talon

peta

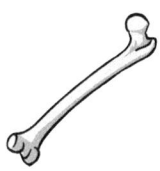

os

kost

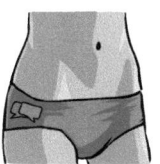

hanche

kukovi

genou

koleno

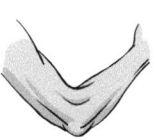

coude

lakat

nez

nos

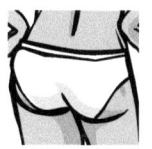

fesses

zadnjica

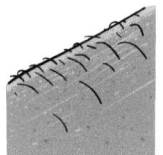

peau

koža

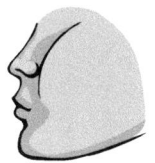

joue

obraz

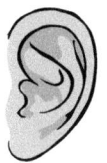

oreille

uvo

lèvre

usna

corps - telo

bouche

usta

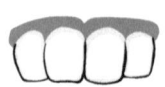

dent

zub

langue

jezik

cerveau

mozak

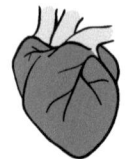

cœur

srce

muscle

mišić

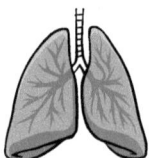

poumons

pluća

foie

jetra

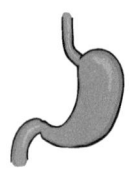

estomac

želudac

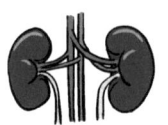

reins

bubrezi

rapport sexuel

polni odnos

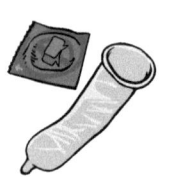

préservatif

kondom

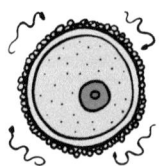

ovule

jajna ćelija

sperme

sperma

grossesse

trudnoća

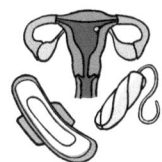

menstruation

menstruacija

vagin

vagina

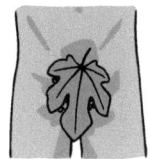

pénis

penis

sourcil

obrva

cheveux

kosa

cou

vrat

hôpital
bolnica

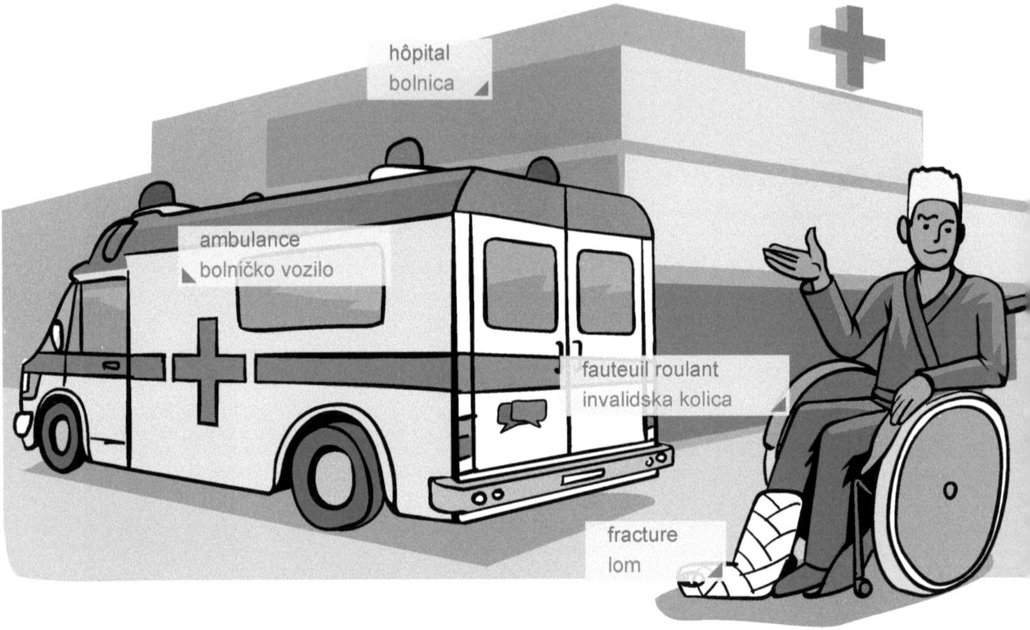

hôpital
bolnica
ambulance
bolničko vozilo
fauteuil roulant
invalidska kolica
fracture
lom

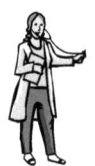

médecin

lekar

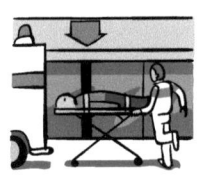

service des urgences

hitna medicinska služba

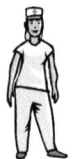

infirmière

medicinska sestra

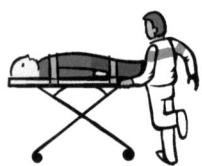

urgence

hitni slučaj

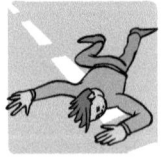

inconscient

nesvest

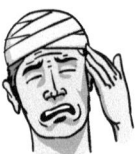

douleur

bol

blessure

povreda

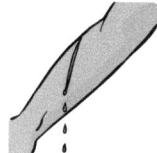

hémorragie

krvarenje

crise cardiaque

srčani udar

attaque cérébrale

udar

allergie

alergija

toux

kašalj

fièvre

groznica

grippe

gripa

diarrhée

proliv

mal de tête

glavobolja

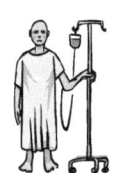

cancer

rak

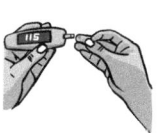

diabète

dijabetes

chirurgien

hirurg

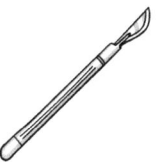

scalpel

skalpel

opération

operacija

CT

ct

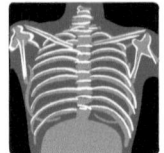

radiographie

rentgen

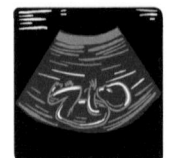

échographie

ultrazvuk

masque

maska

maladie

bolest

salle d'attente

čekaona

béquille

štaka

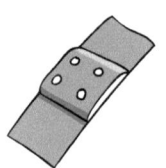

pansement

flaster

pansement

zavoj

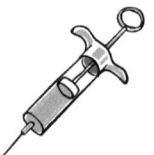

injection

injekcija

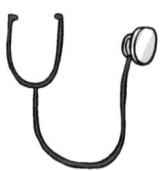

stéthoscope

stetoskop

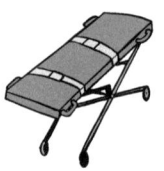

brancard

nosila

thermomètre

termometar

accouchement

rođenje

surcharge pondérale

prekomerna težina

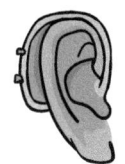

appareil auditif

slušni aparat

désinfectant

sredstvo za dezinfekciju

infection

infekcija

virus

virus

VIH / sida

HIV / AIDS

médicament

medicina

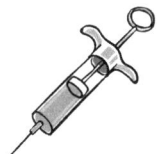

vaccination

vakcinacija

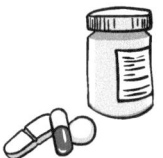

comprimés

tablete

pilule

pilula

appel d'urgence

hitni poziv

tensiomètre

uređaj za merenje pritiska

malade / sain

bolesno / zdravo

Au secours !

pomoć!

alarme

alarm

assaut

nasrtaj

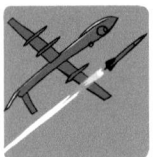

attaque

napad

danger

opasnost

sortie de secours

izlaz u slučaju nužde

Au feu!

požar!

extincteur

protivpožarni aparat

accident

nezgoda

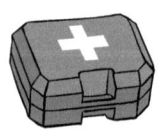

trousse de premier secours

kutija prve pomoći

SOS

sos

police

policija

Europe

Evropa

Amérique du Nord

Severna Amerika

Amérique du Sud

Južna Amerika

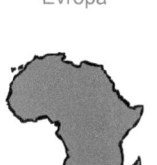

Afrique

Afrika

Asie

Azija

Australie

Australija

Océan atlantique

Atlantik

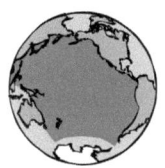

Océan pacifique

Pacifik

Océan indien

Indijski okean

Océan antarctique

Antarktički okean

Océan arctique

Arktički ocean

pôle nord

Severni pol

pôle sud

Južni pol

Antarctique

Antarktik

terre

zemlja

pays

zemlja

mer

more

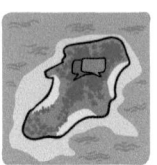

île

otok

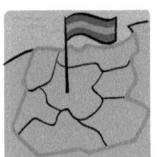

nation

nacija

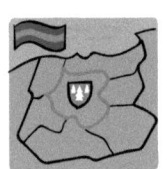

état

država

cadran

brojčanik sata

aiguille des heures

satna kazaljka

aiguille des minutes

minutna kazaljka

aiguille des secondes

sekundna kazaljka

Quelle heure est-il ?

Koliko je sati?

jour

dan

temps

vreme

maintenant

sada

montre digitale

digitalni sat

minute

minuta

heure

čas

semaine
sedmica

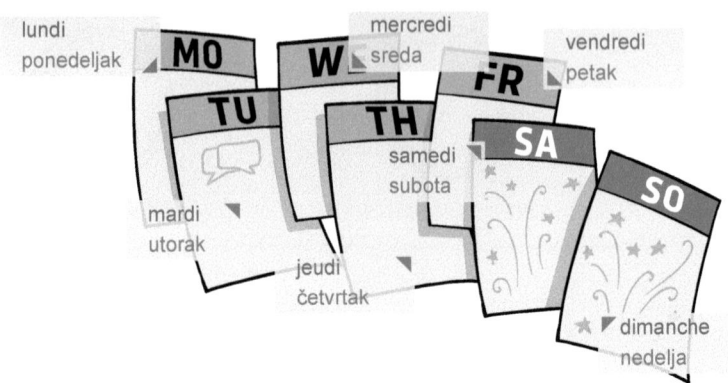

lundi / ponedeljak
mardi / utorak
mercredi / sreda
jeudi / četvrtak
vendredi / petak
samedi / subota
dimanche / nedelja

hier

juče

aujourd'hui

danas

demain

sutra

matin

jutro

midi

podne

soir

veče

jours ouvrables

radni dani

week-end

vikend

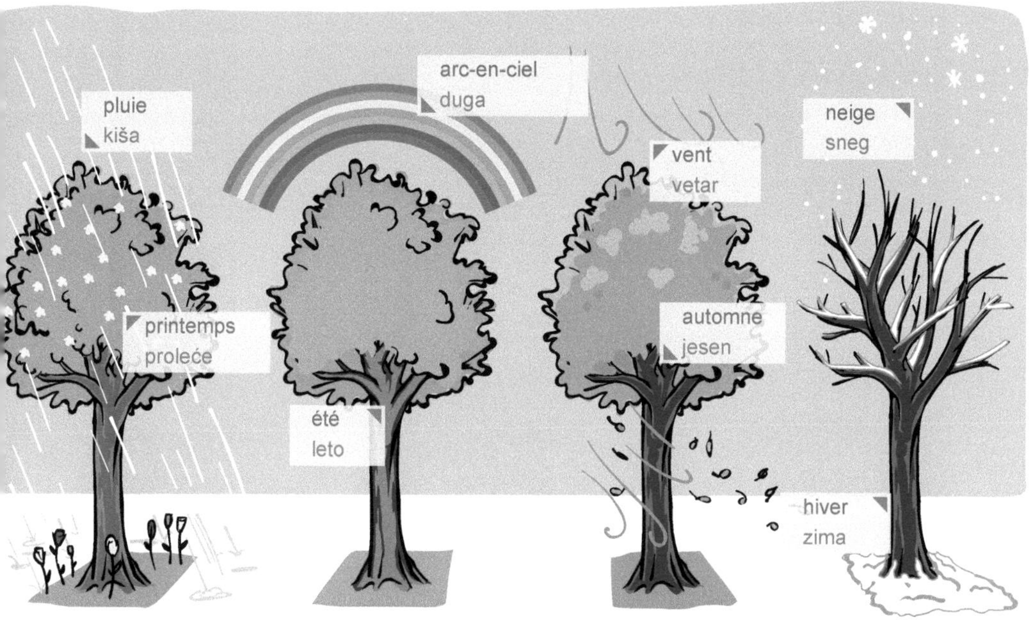

pluie
kiša

arc-en-ciel
duga

vent
vetar

neige
sneg

printemps
proleće

été
leto

automne
jesen

hiver
zima

météo

meteorološka prognoza

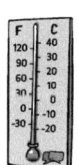

thermomètre

termometar

lumière du soleil

sunčana svetlost

nuage

oblak

brouillard

magla

humidité

vlažnost vazduha

foudre

munja

tonnerre

grmljavina

tempête

oluja

grêle

tuča

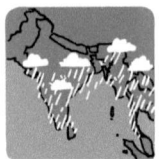

mousson

monsun

inondation

poplava

glace

led

janvier

januar

février

februar

mars

mart

avril

april

mai

maj

juin

juni

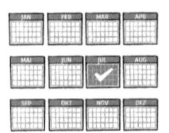

juillet

juli

août

avgust

septembre
....
septembar

octobre
....
oktobar

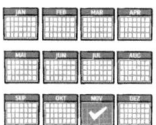

novembre
....
novembar

décembre
....
decembar

cercle
....
krug

carré
....
kvadrat

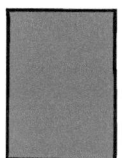

rectangle
....
pravougao

triangle
....
trougao

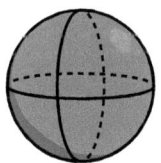

sphère
....
kugla

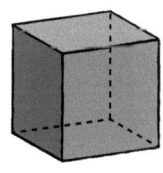

cube
....
kocka

blanc

bela

jaune

žuta

orange

narandžasta

rose

ružičasta

rouge

crvena

violet

ljubičasta

bleu

plava

vert

zelena

marron

smeđa

gris

siva

noir

crna

beaucoup / peu

mnogo / malo

fâché / calme

ljutito / mirno

joli / laid

lepo / ružno

début / fin

početak / kraj

grand / petit

veliko / maleno

clair / obscure

svetlo / tamno

frère / soeur

brat / sestra

propre / sale

čisto / prljavo

complet / incomplet

potpuno / nepotpuno

jour / nuit

dan / noć

mort / vivant

mrtvo / živo

large / étroit

široko / usko

comestible / incomestible

jestivo / nejestivo

méchant / gentil

zlo / dobro

excité / ennuyé

uzbuđeno / dosadno

gros / mince

debelo / mršavo

premier / dernier

na početku / na kraju

ami / ennemi

prijatelj / neprijatelj

plein / vide

puno / prazno

dur / souple

tvrdo / mekano

lourd / léger

teško / lagano

faim / soif

glad / žeđ

malade / sain

bolesno / zdravo

illégal / légal

ilegalno / legalno

intelligent / stupide

pametno / glupo

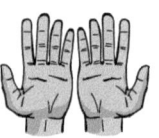

gauche / droite

levo / desno

proche / loin

blizu / daleko

nouveau / usé

novo / polovno

rien / quelque chose

ništa / nešto

vieux / jeune

staro / mlado

marche / arrêt

uključeno / isključeno

ouvert / fermé

otvoreno / zatvoreno

faible / fort

tiho / glasno

riche / pauvre

bogato / siromašno

correct / incorrect

tačno / pogrešno

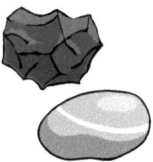

rugueux / lisse

hrapavo / glatko

triste / heureux

tužno / sretno

court / long

kratko / dugo

lent / rapide

polako / brzo

mouillé / sec

mokro / suho

chaud / froid

toplo / hladno

guerre / paix

rat / mir

0

zéro

nula

1

un / une

jedan

2

deux

dva

3

trois

tri

4

quatre

četiri

5

cinq

pet

6

six

šest

7

sept

sedam

8

huit

osam

9

neuf

devet

10

dix

deset

11

onze

jedanaest

12

douze
dvanaest

13

treize
trinaest

14

quatorze
četrnaest

15

quinze
petnaest

16

seize
šestnaest

17

dix-sept
sedamnaest

18

dix-huit
osamnaest

19

dix-neuf
devetnaest

20

vingt
dvadeset

100

cent
stotinu

1.000

mille
hiljadu

1.000.000

million
milion

anglais

engleski

anglais américain

američki engleski

chinois mandarin

mandarinski kineski

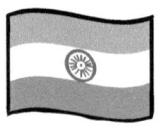

hindi

hindski

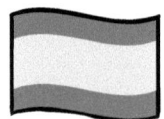

espagnol

španski

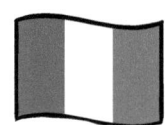

français

francuski

arabe

arapski

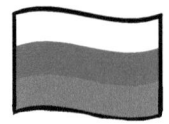

russe

ruski

portugais

portugalski

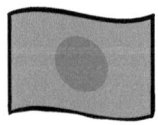

bengali

bengalski

allemand

nemački

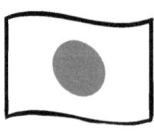

japonais

japanski

je
ja

tu
ti

il / elle / ce, c', cela
on / ona / ono

nous
mi

vous
vi

ils / elles
oni

Qui ?
Ko?

Quoi ?
Šta?

Comment ?
Kako?

Où ?
Gde?

Quand ?
Kada?

nom
ime

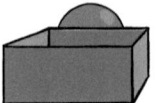

derrière

iza

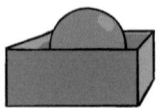

dans

u

devant

ispred

au-dessus

preko

sur

na

en-dessous

ispod

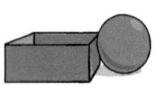

à côté de

pored

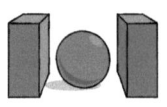

entre

između

lieu

mesto